29 décembre 1913

PN

VENTE

Du Lundi 29 Décembre 1913

HOTEL DROUOT, SALLE N° 6

A DEUX HEURES

EXPOSITION PUBLIQUE

Le Dimanche 28 Décembre 1913

De 2 h. à 6 heures

TABLEAUX

ANCIENS ET MODERNES

DESSINS, GRAVURES, PASTELS

COMMISSAIRE-PRISEUR

Me GEORGES TIXIER

45, rue de la Chaussée-d'Antin

EXPERT

M. MAX BINE

17, rue Victor-Massé

0 — 10
37 — 7
39 — 160
75 — 15
117 — 82

274
27.50

301.50

CATALOGUE

DES

TABLEAUX ET DESSINS

ANCIENS ET MODERNES

AQUARELLES, PASTELS, GRAVURES

Gouaches, Estampes

MINIATURES

Par, ou attribués à :

BOILLY, BONVIN, BOUCHER, BOUDIN, CHARLET, COROT, COURBET, DAVID
DEVÉRIA, GAVARNI, GUDIN, ISABEY, DE MACHY
NICOLLE, RAFFET, ROPS, WINTERHALTER, VILLETTE, ETC.

TABLEAUX

Des Écoles Française et Hollandaise des XVIIe et XVIIIe Siècles

DONT LA VENTE AURA LIEU

HOTEL DROUOT, SALLE N° 6

LE LUNDI 29 DÉCEMBRE 1913

A deux heures

COMMISSAIRE-PRISEUR	EXPERT
Me GEORGES TIXIER	**M. MAX BINE**
45, rue de la Chaussée-d'Antin	17, rue Victor-Massé

EXPOSITION PUBLIQUE

Le Dimanche 28 Décembre 1913, de 2 heures à 6 heures

Et chez M. MAX BINE, 17, rue Victor-Massé, le Vendredi 26 Décembre 1913, le matin, de 10 heures à midi, et l'après-midi, de 2 heures à 5 heures.

CONDITIONS DE LA VENTE

Elle sera faite au comptant.

Les adjudicataires paieront *dix pour cent* en sus des enchères.

L'exposition mettant le public à même de se rendre compte de l'état et de la nature des tableaux, il ne sera admis aucune réclamation une fois l'adjudication prononcée.

Paris. — Imp. de l'Art, Ch. Berger, 41, rue de la Victoire.

DÉSIGNATION

1 — ADAM (V.). Générosité de l'Impératrice. Crayon rehaussé. Signé.

2 — ALAUX. Moine. A la sépia.

3 — AUBRI. Portrait d'homme. A la pierre noire.

4 — AUFRAY. Scène enfantine. Peinture. Signée en bas à droite.

5 — BEAUMONT (E. de). Trois croquis rehaussés, dans un cadre. Signés.

6 — BEAUREPAIRE (Q. de). En Batterie. Aquarelle. Signée.

7 — BELLANGÉ (H.). Une ferme. Peinture.

8 — BELLANGÉ (H.). Soldats. Dessin. Signé : *H. B.*

9 — BERTIN. Paysage. Peinture.

10 — Bigg (d'après). Charity begins at home. Gravure en noir.

11 — Biennoury. Allégorie. Aquarelle.

12 — Binet (Attribué à). Illustration. Dessin.

13 — Boilly (École de). Jeune femme. Dessin.

14 — Boilly (Attribué à). Portrait d'homme. Crayon.

15 — Boilly (Attribué à). Portrait d'homme. Crayon.

16 — Boissieu (Attribué à J. de). Paysage. Lavis.

17 — Bonvin (F.). Maréchal ferrant. Peinture. Signée.

18 — Bonvin (F.). Nature morte. Peinture. Signée.

19 — Bonvin (F.). Carmélite. Dessin. Signé.

20 — Bonvin (F.). Portrait de femme. Peinture. Signée.

21 — Bonvin (Attribué à). L'Élève peintre. Ébauche.

22 — Bonvin (Attribué à). Le Charretier. Dessin.

23 — BOUCHER (D'après). Gravure. Sanguine, par DEMARTEAU.

24 — BOUCHER (École de). Tête d'amour. Dessin à la sanguine.

25 — BOUCHER (École de). Feuilles d'étude. Dessin à la sanguine.

26 — BOUCHER (École de). Jeune femme assise. Dessin à la pierre noire et rehauts.

27 — BOUCHER (École de). Projet de plafond. Dessin à la pierre noire.

28 — BOUDIN (E.). Quatre croquis dans un cadre, dont un signé : *E. B.*

29 — BRISSOT. Le Troupeau. Dessin.

30 — BUNBURY (Attribué à). La Présentation. Dessin à la plume.

31 — CALS. Paysage. Dessin.

32 — CALS. Portrait de femme. Dessin.

33 — CAUCHOIS (H.). Nature morte. Peinture. Signée et encadrée.

34 — CHAPLIN (D'après). L'Innocence. Peinture.

35 — CHARLET. Portrait d'enfant. Peinture.

36 — Clausel. Portrait de jeune homme. Peinture sur cuivre. Signée et datée.

37 — Cochin. Deux croquis. Pierre noire.

38 — Colin (Gustave). Jeune femme assise. Ébauche.

39 — Corot. Paysage. Crayon et plume. Timbre de la vente.

40 — Coiri. L'Homme à la pipe. Peinture. Signée.

41 — Cottin. Poules. Peinture. Signée et encadrée.

42 — Courbet (G.). Le Torrent. Paysage.

43 — Courbet (Attribué à). Marine. Peinture.

44 — Courbet (Attribué à). Portrait d'homme.

45 — Caricature (Journal La). Chez *Aubert, Galerie Véro-Dodat.* Années 1831-32-33-34 complètes, couvertures, titres, texte, table, en 8 volumes, cartonnage de l'époque. Bel état. Avec le bulletin rose au supplément au nº 124 de l'année 1833, page 989 : l'*Attentat risible.* Très rare. Les deux planches célèbres de Daumier : *Le Cortège*, *Primo saignare*, encadrées, seront vendues en même temps pour compléter la collection dont elles proviennent.

46 — Sous ce numéro, sera vendu un médaillon contenant une cire : Portrait d'Auber. Signé d'initiales.

47 — DAVID (École de). Jeune femme dans un parc. Peinture.

48 — DAVID (École de). Etude. Dessin à la sépia.

49 — DAVID (École de). Étude. Plume et lavis.

50 — DARCIS, d'après GUÉRIN. Le Trente et un. Gravure en noir. Encadrée.

51 — DESBOUTIN (Marcellin). La Femme au chat. Pointe sèche avant lettre. Signée.

52 — DESBOUTIN (M.). La Sortie de bébé. Pointe sèche, avec autographe de l'auteur.

53 — DESBOUTIN (M.). Étude. Pointe sèche avant lettre. Signée.

54 — DESRAIS. L'Amour pressant. Gravure imprimée en couleur.

55 — DESRAIS. Réception chez l'Empereur. Dessin plume et lavis.

56 — DEVÉRIA (A.). Trois lithographies.

57 — DEVÉRIA (A.). Illustration. Plume et lavis.

58 — Devéria (A.). Portrait de femme. Pastel.

59 — Devéria (Attribué à). La Brouille et la Réconciliation. Deux peintures formant pendant.

60 — Drolling. Scène de cabaret. Dessin au lavis.

61 — Dupray (H.). Scène militaire. Peinture. Signée.

62 — Dutilleux. Paysage. Peinture.

63 — Dutilleux. Trois paysages. Dessins.

64 — Debucourt (D'après). Le Joueur. Gravure imprimée en noir.

65 — École espagnole (xviie siècle). Moine priant. Peinture sur cuivre.

66 — École française (xviie siècle). Bataille. Peinture.

67 — École française (xviie siècle). Projet pour éventail. Dessin à la plume.

68 — École française (xviie siècle). Diane chasseresse. Dessin à la plume et au lavis.

ÉCOLE FRANÇAISE (XVIIIe siècle)

69 — Nature morte. Peinture.

70 — Gouache : Paysage animé.

71 — Gouache : Paysage au bord de la rivière.

72 — La Petite Jardinière. Peinture. Encadrée.

73 — Scènes galantes. Deux tableaux formant pendant.

74 — Les Moines galants. Peinture.

75 — La Vierge à l'Enfant. Dessin à la plume.

76 — Femme à genoux. Dessin à la sanguine.

77 — Portrait de femme. Dessin à la sanguine et à la pierre d'Italie.

78 — Huit aquarelles : Costumes danois. Deux sous verre.

79 — Portrait d'un Conventionnel. Dessin aux crayons de couleur.

80 — Vue de parc. Dessin au lavis. Signé : *C. M. 1789.*

81 — Joueur de biniou. Dessin à la sanguine et à la pierre noire.

82 — Allégorie. Contre-épreuve d'un dessin à la sanguine.

83 — Portrait de jeune femme. Peinture.

ÉCOLE FRANÇAISE (Début du XIXe siècle).

84 — Vue d'un port. Peinture.

85 — Cinq sujets de chasse. Dessins.

ÉCOLE FRANÇAISE 1830

86 — Portrait de femme. Dessin rehaussé de pastel.

87 — Paysage. Vue de Tronsberg. Peinture.

88 — Jeune femme assise dans un parc. Peinture.

89 — Intérieur de ferme. Peinture.

90 — Marine. Peinture.

91 — Paysage chinois. Peinture.

92 — Paysage chinois. Peinture.

93 — L'Émeute. Peinture.

ÉCOLE FRANÇAISE (Fin du XIXe siècle)

94 — Épisode du siège de Paris. Dessin rehaussé. A paru dans l'*Illustration*, le 4 mai 1871.

95 — Chiens courants. Peinture sur panneau.

96 — Portrait de femme. Aquarelle.

ÉCOLE HOLLANDAISE

97 — Paysage. Dessin au lavis.

98 — Paysage. Dessin aquarellé.

99 — Paysage. Dessin aquarellé.

100 — Trois paysages. Dessins et peinture.

101 — La Nativité. Peinture du XVIIe siècle.

102 — FLANDRIN (H.). La Résurrection de Lazare. Dessin à la plume et au lavis.

103 — FRANTZ. Marine. Aquarelle. Signée.

104 — FROMENTIN (Attribué à). Deux dessins. Crayon.

105 — FRANÇAIS. Les Baigneuses. Peinture.

106 — FOURNIER. La Marseillaise. Peinture. Signée et datée : *Juillet 1870*.

107 — GAVARNI. Mon amant. Dessin à la plume.

108 — GAVARNI. Travesti. Dessin au lavis.

109 — Girodet-Trioson. Jeune femme nue. Dessin à la sépia.

110 — Gudin. Marine. Aquarelle.

111 — Gudin. Nature morte. Peinture.

GUYS (Constantin)

112 — En promenade. Dessin plume et lavis, rehauts d'aquarelle.

113 — La Promenade au bois. Dessin au lavis.

114 — Fille publique. Dessin au lavis.

115 — Trois importants dessins dans un cadre; ont figuré à l'Exposition rétrospective. Autographe de Nadar.

116 — Voitures et cavaliers au bois. Plume et lavis.

117 — Deux Élégantes. Dessin au lavis.

118 — Grevedon. Le Petit Jardinier. Dessin, rehauts d'aquarelle.

119 — Grévin. Deux dessins rehaussés d'aquarelle. Timbre de la vente.

120 — Haquette. La Famille du pêcheur. Dessin.

121 — HARRIET. Portrait de jeune fille. Dessin. Signé.

122 — HUET (Attribué à J.-B.). Le Retour du troupeau. Peinture.

123 — HUET (D'après). Les Grâces enchaînées par l'Amour. Gravure en bistre, par CHAPONNIER.

124 — ISABEY. Trois dessins : Marine. Timbre de la vente.

125 — INGRES (École d'). Portrait d'homme. Dessin à la mine de plomb.

126 — INGRES (École d'). L'Amour et Vénus. Peinture.

127 — JEAURAT. Jeune femme tenant un violon. Portrait présumé de la Maréchale Dupetit-Thouars.

128 — JANINET (D'après). Portrait de Madame Julien. Gravure ovale imprimée en couleurs.

129 — JANINET (D'après). Lucette et Lucas. Gravure imprimée en couleurs.

130 — KAUFFMAN (D'après Angelica). Portrait de Lodovica Hammond. Gravure en bistre.

131 — Lagrenée. Académie d'homme. Dessin à la pierre noire. Signé.

132 — Lamy (E.). Riquet à la houppe. Dessin.

133 — Lanascer (D'après). Portrait de Lady Spainels. Gravure à la manière noire.

134 — Laplanche. Adolescent nu. Peinture. Signée et encadrée.

135 — Lecomte (H.). Trois dessins. Encadrés.

136 — Lehman (H.). Deux feuilles d'études. Dessins. Timbre de la vente.

137 — Leroux. Deux paysages. Dessins à la plume.

138 — Leroy. Scène familiale. Peinture. Signée et datée : *1829*.

139 — Machy (De). Ruines et personnages. Dessin aquarellé. Cadre ancien sculpté.

140 — Machy (Attribué à de). Paysage, intérieur de ferme. Aquarelle.

141 — Manet. Le Gamin. Lithographie. Tirée chez *Lemercier*.

142 — Mallet (Attribué à). A la campagne. Peinture.

143 — Mariage (D'après). Je ne te manquerai pas. Gravure imprimée en couleur.

144 — Moyse. Quatre pastels.

145 — Marne (Attribué à de). L'Écluse. Paysage animé. Peinture.

MINIATURES

146 — Portrait d'homme, XVIIIe siècle. Médaillon.

147 — Portrait de M. de Longueville. Fin du XVIIIe siècle.

148 — Portrait de jeune femme vers 1820. Médaillon.

149 — Portrait d'un général de l'Empire. Signé : *J.-F. Aubry*.

150 — Portrait d'un officier de l'Empire. Signé : *Lefebvre*.

151 — Portrait d'un officier de l'Empire.

152 — Femme à la tourterelle. Grande miniature, époque 1830. Signé : *Olivier*.

153 — Portrait de jeune femme 1830. Signé : *Baret.*

154 — Portrait d'homme, attribué à Isabey.

155 — Navez. Portrait de jeune femme. Peinture. Datée et signée.

156 — Nicolle. Palais Farnèse à Rome. Dessin à la plume et rehauts. Signé.

157 — Nicolle. Voûtes. Aquarelle. Signée.

158 — Nicolle. Saint-Cernin à Toulouse. Dessin à la plume et à l'aquarelle.

159 — Pillement. Paysage. Dessin à la pierre noire.

160 — Pillement. Paysage animé. Pierre noire et rehauts de couleur.

161 — Raffet. Mousquetaires et lansquenets. Deux dessins au crayon. Timbre de la vente.

162 — Raffet. Trois maquettes aquarellées. Timbre de la vente.

163 — Raffet. Lot de croquis divers, avec timbre de la vente.

164 — Raoux. Portrait présumé du maréchal Dupetit-Thouars.

165 — Renouard (Paul). Danseuses. Eau-forte avant lettre. Signée.

166 — Reynolds (D'après). The affectionnate Broothers. Gravure en noir, par Bartolozzi.

167 — Reynolds (D'après). Portrait d'un acteur anglais dans le rôle d'Hamlet. Gravure à la manière noire.

168 — Roqueplan. La Conversation. Peinture. Signée.

169 — Rouget (D'après). S. A. R. Mademoiselle. Gravure en noir, par Mecou.

170 — Rops (Félicien). Nubilité. Vernis noir. Superbe épreuve. Signée.

171 — Rops (Félicien). Les Fleurs lascives. Belle épreuve sur Japon. Signée.

172 — Rops (F.). Quatre illustrations diverses. Bonnes épreuves.

173 — Rubens (Atelier de). Scène mythologique. Peinture.

174 — SHIAVONETTI, d'après LEBRUN. Portrait de Madame de La Vallière. Épreuve imprimée en couleur.

175 — SERGENT (D'après). Gravure imprimée en couleur, par ROGER.

176 — SWEBACH (Attribué à). Cavalier. Dessin à la plume.

177 — SWEBACH (Attribué à). Cavalier et cheval. Plume.

178 — TRINQUESSE. Jeune femme. Contre-épreuve d'un dessin à la sanguine.

179 — TRINQUESSE (Attribué à). Jeune femme accoudée à une cheminée. Dessin à la sanguine.

180 — VIGNERON. Portrait de jeune femme. Crayon.

181 — VELDE (W. van de). Bateaux. Dessin.

182 — VELDE (W. van de). Bateaux. Dessin.

183 — VAN LOO. Portrait d'une actrice. Peinture.

184 — WATTEAU. L'Hiver. Gravure en noir, par DE LARMESSIN.

185 — Watteau de Lille. Jeune soldat. Dessin à la sanguine.

186 — Winterhalter. Portrait de jeune femme. Peinture encadrée, forme ovale.

187 — Winterhalter. Esquisse. Préparation pour portrait.

188 — Willette (A.). Le Prix de Rome féminin. A paru au *Courrier français*.

189 à 199 — Lot de gravures et dessins. (Sera divisé.)

200 — Tableaux et dessins omis.

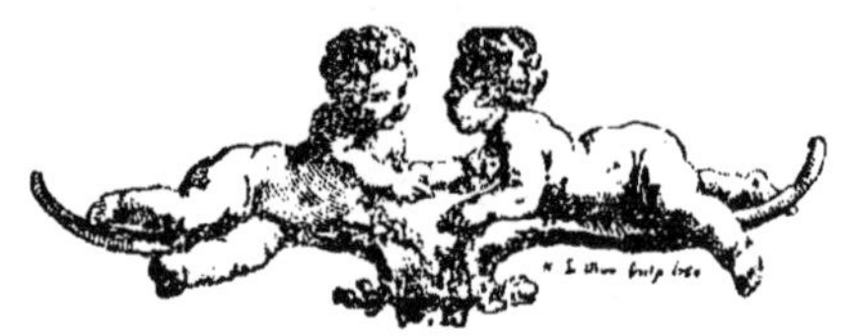

TÉLÉPHONE
238-37

BORDEREAU D'ADJUDICATION

Doit M de Ricci

N° ....

Rue .... ACOMPTES REÇUS ....

A Me GEORGES TIXIER, Commissaire-Priseur

45, Rue de la Chaussée-d'Antin, 45 (9e Arr.)

Numéros du Catalogue	Articles du procès-verbal	Le [illegible] – 12 1913	FR.	C.	FR.	C.
		Lot			10	10
		1 dessin			7	
		1 id			150	
		1 id			[illegible]	
		1 id			82	
					274	
					27	40
					301	40
		A reporter				

Numéros du Catalogue	Articles du procès-verbal		FR.	C.	FR.	C.
		D'autre part				

www.ingramcontent.com/pod-product-compliance
Ingram Content Group UK Ltd.
Pitfield, Milton Keynes, MK11 3LW, UK
UKHW020533180726
13839UKWH00005B/2481